Felicitas Römer

Ich will aber!

Konflikte mit Kindern besser lösen

kizz
DAS ELTERNMAGAZIN FÜR DIE KITAZEIT

Inhalt

Konflikte eröffnen Lernchancen – für Kinder und Eltern

Ärger, Streit, Zoff – na und?

1

Konflikte gehören zum Familienleben

„Mama, bitte, bitte kauf' mir ein Überraschungsei!"

Die vierjährige Meriem steht mit ihrer Mutter an der Supermarktkasse und will das Überraschungsei in den Einkaufswagen legen. „Nein, Meriem, ich möchte jetzt nichts Süßes kaufen, wir wollen doch gleich Mittag essen", erwidert die Mutter ruhig. Meriem quengelt weiter: „Aber ich hatte schon so lange kein Überraschungsei mehr ..." Als die Mutter wieder verneint, fängt das Mädchen an zu weinen, tritt heftig gegen den Wagen und schreit: „Ich will jetzt aber ein Überraschungsei!" Frau W. wird langsam nervös: Was soll ich nur tun? Ihr doch die Süßigkeit kaufen? Dann hat sie ja ihren Willen durchgesetzt. Oder es auf eine Szene ankommen lassen? Oje, die Leute schauen schon so vorwurfsvoll!

Wer kennt sie nicht, diese klassische Albtraumszene an den berüchtigten „Quengelzonen" der Supermarktkassen. Fast jeder mit einem kleinen Kind erlebt vergleichbare Situationen. Nicht nur, dass man sich vielleicht überfordert fühlt, man ist auch noch den kritischen Blicken anderer Menschen ausgesetzt. Kein Wunder, dass viele Mütter und Väter dann doch klein beigeben und ihrem Kind die ersehnte Süßigkeit kaufen. So unangenehm eine solche Szene in der Öffentlichkeit auch ist, so normal ist sie doch. Kinder – je kleiner, desto mehr – haben naturgemäß eine geringe Frustrationstoleranz. Sie sind nicht in der Lage, Enttäuschungen locker wegzustecken. Der entstandene Frust entlädt sich dann schnell in Tränen und Geschrei.

Das bedeutet aber nicht, dass Eltern ihren Kindern frustrierende Erlebnisse immer ersparen sollten. Abgesehen davon, dass das gar nicht geht, hätten Kinder dann keine Gelegenheiten, den Umgang mit Enttäuschungen zu lernen. Es ist also keine gute Lösung, dem Kind immer nachzugeben und ihm jeden Wunsch zu erfüllen.

Ganz allgemein gilt: Kinder brauchen das Gefühl, dass ihre Eltern sie ernst nehmen und ihre grundlegenden Bedürfnisse nach Versorgung, Geborgenheit und Anerkennung befriedigen. Ist dies nicht der Fall, müssen sie umso heftiger um ihr Recht auf Selbstbestimmung kämpfen.

Streit und Zoff sind ganz normal

Konflikte und Streitigkeiten sind im Familienalltag nichts Außergewöhnliches oder gar Schlimmes. Das fängt vielleicht morgens damit an, dass das Töchterchen lieber den pinkfarbenen Rock mit Kniestrümpfen als die Jeans anziehen möchte, obwohl draußen Minusgrade herrschen. Oder der Sohn blättert noch in aller Seelenruhe im Bilderbuch, statt sich endlich die Schuhe anzuziehen. Auch die Themen Essen und Aufräumen bergen eine Menge Zündstoff. Und immer wieder gibt es Streit und Tränen, wenn das Kind den Spielplatz verlassen oder ins Bett gehen soll.

Weniger ist mehr: Eltern sollten Verbote nur dann aussprechen, wenn es wirklich notwendig ist.

Das hohe Konfliktpotenzial in Familien rührt auch daher, dass man besonders viel Zeit miteinander verbringt, sich nah und vertraut ist und manchmal besonders hohe Erwartungen aneinander stellt. Die oft beschworene und erwünschte Familienharmonie gibt es natürlich gelegentlich, aber eben nicht durchgängig. Eltern, die immer mal wieder Stress und Streit mit ihren Kindern haben, sollten sich also nicht grämen: Konflikte gehören zum gesunden Familienleben dazu.

Problematisch wird es erst, wenn

- bestimmte Konflikte den Familienfrieden dauerhaft gefährden,
- die Konflikte mindestens ein Familienmitglied stark belasten,
- ein Kind offensichtlich leidet, möglicherweise auch körperliche Beschwerden ohne organischen Befund hat,
- oft lautstarke, verbal aggressive Auseinandersetzungen stattfinden oder
- Handgreiflichkeiten in der Familie auftreten. Dazu gehören Ohrfeigen, Schütteln, Kneifen etc. Vor solchen körperlichen Übergriffen müssen Kinder immer geschützt werden! Treten Sie in Ihrer Familie auf, sollten Sie eine Erziehungs- oder Familienberatung aufsuchen.

Konflikte im Familienalltag vermeiden

- Lassen Sie auch einmal Fünfe gerade sein und schrauben Sie Ihre Ansprüche herunter. Niemand muss perfekt sein, auch Sie und Ihr Kind nicht.

- Nehmen Sie Auseinandersetzungen mit Ihrem Kind nicht als Bedrohung wahr oder gar als erzieherisches Versagen. Machen Sie sich klar, dass es in allen Familien phasenweise Konflikte und Stress gibt.

- „Widerworte" des Kindes resultieren aus einem gewachsenen kindlichen Selbstbewusstsein und sind Ausdruck eines wichtigen Entwicklungsschrittes.

- Wenn Sie sich oft überfordert fühlen, prüfen Sie, wie Sie sich entlasten könnten. Dauerstress ist ungesund und kein guter Nährboden für entspannte Familienbeziehungen. Suchen Sie in belastenden Situationen auch gegebenenfalls Hilfe von außen und sorgen Sie immer wieder für schöne, gemeinsame Erlebnisse.

Das belastet die Familienatmosphäre

Es gibt einige Faktoren, die die Wahrscheinlichkeit erhöhen, dass in Familien der Stresslevel und damit auch die Konfliktanfälligkeit steigen. Dazu gehören:

Zu hohe Erwartungen und Perfektionismus: Wenn Eltern meinen, immer alles im Griff und unter Kontrolle haben zu müssen, kann das auf Dauer sehr anstrengend sein und den allgemeinen Stresslevel erhöhen.

Unverständnis für die kindliche Perspektive: Wenn Eltern nicht wissen, dass kleine Kinder zu bestimmten rationalen Einsichten noch nicht in der Lage sind, kann das zu einer Überforderung des Kindes führen. Sind die Eltern dann (zu Unrecht) von ihm enttäuscht, bereitet das wiederum dem Kind Kummer.

Kleine Kinder können in Konfliktsituationen keine „vernünftigen" Einsichten zeigen, wie Erwachsene das oft erwarten.

Anstrengender Familienalltag: Erfahrungsgemäß ist die stressreichste Phase des Tages der Morgen. Es muss schnell gehen, damit die Eltern pünktlich zur Arbeit und das Kind rechtzeitig in die Kita kommen. Wenn dann nicht alles reibungslos funktioniert, sind Eltern schnell angespannt. Auch abends fällt es uns Erwachsenen nach einem arbeitsreichen Tag manchmal schwerer, ruhig und geduldig zu bleiben.

Dauerstress und Sorgen: Berufliche oder finanzielle Probleme, chronische Krankheiten, mehrere oder kleine Geschwisterkinder oder zu wenig Unterstützung etc. können in Familien zu einer permanenten Belastung führen.

Spannungen zwischen den Partnern: Vor allem unausgesprochene Partnerschaftskonflikte prägen die Familienstimmung negativ. Kinder spüren diese schwelenden Konflikte und reagieren auf sie oft mit Unruhe und Irritation. Gehen Sie Partnerschaftskonflikte gezielt an, gegebenenfalls auch in einer Paarberatung. Wenn Sie miteinander streiten, beruhigen Sie Ihr Kind und sagen Sie ihm, dass Sie nicht seinetwegen uneins sind und sich auch wieder vertragen.

Einschneidende Veränderungen der Familiensituation: Ein Arbeitsplatzwechsel, die Trennung der Eltern, die Geburt eines Geschwisterkindes oder ein Umzug sind Stressoren. Kinder reagieren emotional stark auf solche Veränderungen. Geduld und eine klare Alltagsstruktur sind hier die beste Medizin.

Übermüdung des Kindes: Wenn ein Kind zu wenig schläft oder im Alltag überfordert ist, wird es quengelig und seine Frustrationstoleranz sinkt. Achten Sie also darauf, dass Ihr Kind ausreichend Schlaf bekommt, nicht zu viele Termine hat und ihm genügend freie Zeit zum Spielen zur Verfügung steht.

Auch Unregelmäßigkeiten und Unklarheiten im Alltag können Kinder gehörig durcheinanderbringen. Das macht sich dann oft als „Widerspenstigkeit" bemerkbar. Klar strukturierte Alltagsabläufe, liebevolle Rituale und rechtzeitige Ansagen vermitteln Kindern Sicherheit und sorgen für innere Ruhe und Stabilität.

> Konflikte zwischen Eltern und Kindern treten oft dann auf, wenn unterschiedliche Bedürfnisse und Wünsche aufeinandertreffen.

Kinder haben einen eigenen Willen, den wir unbedingt respektieren sollten

2

„Ich will aber nicht!"

Mit Wut und Trotz umgehen

„Du räumst jetzt sofort dein Zimmer auf!" *Robins Vater ist schon leicht genervt und wird laut. Bereits fünf Mal hat er seinen dreijährigen Sohn freundlich darum gebeten, sein Spiel zu beenden und die Bauklötze aufzuräumen. Robin jedoch baut versonnen an seiner Burg weiter und denkt gar nicht daran, damit aufzuhören. Jetzt schreckt er hoch, schaut seinen Vater an und ruft: „Ich will aber nicht! Ich will noch meine Burg fertigbauen!" Robins Vater platzt der Kragen: „Wenn du nicht sofort dein Zimmer aufräumst, dann werde ich richtig sauer!" Robin schreit: „Ist mir doch egal! Ich will jetzt bauen!" Da kommt dem Vater eine Idee: „Na gut, Robin", lenkt er ein, „du kannst noch den Turm zu Ende bauen und dann räumst du die übrig gebliebenen Bauklötze in die Kiste." Damit ist Robin einverstanden und setzt einen weiteren Baustein auf den Turm.*

Wenn Kinder nicht „folgen", also den Anweisungen der Eltern nicht nachkommen, ist das für Mütter und Väter oft eine schwierige Situation. Sie fühlen sich von ihrem Kind nicht respektiert, geraten innerlich unter Druck oder fühlen sich sogar als erzieherische „Versager". Auch Eltern, die sehr geduldig sind und als die Ruhe selbst gelten, kommen in solchen Situationen mitunter an ihre Grenzen. Sie ziehen dann unterschiedliche Register: Manche versuchen es mit gutem Zureden, versprechen eine kleine Belohnung oder probieren es mit dem Anzählen: „Ich zähle jetzt bis drei, bis dann hast du ..." Andere Eltern schimpfen und drohen Strafen an, um ihren Willen durchzusetzen. Und wieder andere arbeiten mit moralischem Druck, indem sie zum Beispiel sagen: „Wenn du nicht lieb bist, wird Mami ganz traurig."

Die knifflige Frage für Eltern lautet: Wie will ich mit einem Kind umgehen, das sich weigert, meine Anweisungen zu befolgen? Muss ich mich als Mutter oder Vater immer durchsetzen, um nicht als Verlierer vor meinem Kind dazustehen? Darf ich auch mal nachgeben oder bin ich dann inkonsequent? Ist es am besten, jedes Mal einen Kompromiss zu finden? Bevor wir überlegen, welche Reaktionen hilfreich und sinnvoll sind, schauen wir uns an, warum ein Kind sich dem elterlichen Willen überhaupt widersetzt.

> Kinder entdecken in der Autonomiephase ihren eigenen Willen – ein wichtiger Reifungsprozess.

Das Ich-Bewusstsein entsteht

Auch wenn sich die meisten Eltern „pflegeleichte" Kinder wünschen: Entwicklungspsychologen sehen trotziges Verhalten als einen wichtigen Teil ihrer gesunden Entwicklung. Bedenken Sie also: Kinder haben gute Gründe, wenn sie sich gegen die Forderungen der Erwachsenen sträuben – ob wir diese Beweggründe immer verstehen, ist dabei unerheblich.

● Die Altersspanne zwischen zwei und circa vier Jahren wird oft als Trotzphase bezeichnet. Passender wäre es, sie Autonomiephase zu nennen: Indem das Kind „Nein" sagt und sich gegen eine Bevormundung wehrt, stellt es Distanz zu Mutter oder

Vater her. Und diese Distanz braucht es, um selbstständig (autonom) werden zu können.

- Das Kind erlebt sich zunehmend als eigenständige Person, das sogenannte Ich-Bewusstsein entsteht. Einen eigenen Willen zu entwickeln ist Ausdruck dieses wichtigen Reifungsprozesses.
- Diesen neu entdeckten eigenen Willen empfindet das Kind dann oft sehr deutlich. Die Frustrationstoleranz ist bei einem kleinen Kind sehr niedrig, das bedeutet, dass es innere Spannungen und Enttäuschungen noch schlecht aushalten kann. Das führt manchmal zu heftigen, überschießenden Reaktionen, die Erwachsenen dann übertrieben vorkommen.
- Sein Trotz verstärkt sich häufig, je mehr (Gegen-)Druck das Kind von den Eltern spürt. Aber auch sein Temperament spielt dabei eine Rolle.

So lässt sich mancher Trotzanfall verhindern

Auch wenn Trotz und kindliche Wutanfälle normal sind und nicht immer vermieden werden können und sollten, können Eltern doch einiges dazu beitragen, damit das Kind nicht zu oft in solch aufreibende Gefühlszustände gerät:

Kündigen Sie ein Ende der Spielzeit rechtzeitig an. Gerade wenn das Kind in eine Beschäftigung vertieft ist, kann eine elterliche

---

Vertrauen, Verlässlichkeit und Geduld

- Wenn Sie Ihrem Kind liebevoll zugetan sind, merkt es, dass es Ihnen vertrauen kann. Dann wird es in aller Regel auch bereit sein, Ihren Wünschen nachzukommen, denn es hat die Erfahrung gemacht, dass Sie in seinem Sinne und zu seinem Wohl entscheiden. Ihr Kind verlässt sich auf Sie und darauf, dass Sie das Richtige tun und sagen.

- Geben Sie Ihrem Kind die Sicherheit und Geborgenheit, die es braucht. Betrachten Sie sich als Fels in der Brandung und seien Sie geduldig, auch wenn es Ihrem Kind einmal nicht so gut geht. Das stärkt sein Vertrauen.

- Finden Sie eine gute Balance zwischen klaren Vorgaben und Spielräumen, in denen Ihr Kind selbst entscheiden darf. Eltern müssen hier ihren eigenen Weg finden, der von ihren Wertvorstellungen abhängt: Was ist Ihnen wichtig, was weniger? Je klarer Sie sich darüber sind, desto überzeugender wirken Sie auf Ihr Kind.

Mit Zwang und Druck kommen Eltern nicht weiter

Forderung auf Widerstand stoßen. So war das in unserem Beispiel bei Robin der Fall: Aus seinem Spiel herausgerissen zu werden, erscheint ihm unpassend und sinnlos. Wieso aufräumen, wenn er doch gerade eine schöne Burg bauen muss? Das kindliche Interesse (Spielen) und der elterliche Wunsch (Ordnung im Kinderzimmer) prallen hier heftig aufeinander. Doch könnte Robins Vater beim nächsten Mal vielleicht schon im Vorfeld sagen: „Robin, du kannst noch solange spielen, bis der Uhrzeiger auf der … steht. Danach räumst du bitte die Sachen in die Kiste." Dann hätte Robin mehr Zeit, sich von seiner Beschäftigung zu verabschieden.

Manchmal ist eine Forderung der Eltern dem Kind auch einfach nur lästig. Das ist ebenfalls verständlich: Wer hat schon immer Lust aufzuräumen? Hier sind Fingerspitzengefühl und Geduld gefordert. Und möglicherweise auch ein Hilfsangebot: „Komm, wir räumen zusammen auf, dann geht es schneller." Auch Rituale können helfen, zum Beispiel das Aufräumen zur Selbstverständlichkeit werden zu lassen.

Bleiben Sie in Ihren Ansagen möglichst konkret. Unklare Erwartungen und widersprüchliche Äußerungen irritieren ein Kind und machen es handlungsunfähig: Es weiß dann nicht, was es tun soll, und reagiert mit Hilflosigkeit, Wut oder Ärger. Eine klare und deutliche Aufforderung lautet zum Beispiel: „Räume bitte die Bausteine in die Kiste!"

Worte, Stimme und Körperhaltung müssen übereinstimmen, damit Ihre Botschaften ankommen.

Formulieren Sie Ihre Wünsche freundlich und positiv, und nicht in Form von Befehlen. Wenn der elterliche Tonfall unangemessen barsch oder unfreundlich ist, fühlt sich ein Kind (zu Recht) in seiner Integrität verletzt. Es reagiert dann mit Rückzug oder lautstarkem Protest.

Prüfen Sie gelegentlich, wie sinnvoll und wichtig Ihre Forderungen sind. Müssen heute wirklich alle Spielsachen aufgeräumt werden? Oder reicht es nicht, nur die Legosteine in der Kiste zu verstauen?

Lassen Sie Ihr Kind in einem seinem Alter angemessenen Rahmen mitbestimmen. Damit ist nicht gemeint, dass es zum Beispiel den Essensplan diktiert, sondern aus zwei oder drei Vorschlägen auswählen kann.

In Harmonie und Rivalität: Geschwister sind ein Leben lang miteinander verbunden

3

„Jonathan ist doof, ich hasse ihn!"

Von Geschwisterliebe und Geschwisterstress

Die dreijährige Jana hat vor drei Monaten einen kleinen Bruder bekommen. *Jonathan ist „sooo süß", das sagen jedenfalls alle. Und Jana findet das auch. Sie gibt sich sehr viel Mühe mit dem Kleinen, redet mit ihm, streichelt ihn und hat ihn sogar schon einmal gewickelt. Ihre Mutter ist sehr froh, dass Jana so lieb zu ihrem Bruder ist. Bis Jana ihren kleinen Bruder eines Tages in einem unbeaufsichtigten Moment heftig ins Bein kneift. Jonathan beginnt zu weinen, aber auch Jana ist offensichtlich überrascht von ihrer Tat. Als die Mutter dann noch laut zu schimpfen beginnt, fängt Jana an zu weinen: „Du hast nur noch den Jonathan lieb, ich hasse den Doofmann! Ich zieh' jetzt zur Oma" Dann rennt Jana in ihr Zimmer und sucht ihren Rucksack.*

Janas Mutter täte nun gut daran, ihre Tochter herzlich in den Arm zu nehmen und zu trösten. Auch wenn das Kneifen natürlich nicht in Ordnung war, so sendet Jana damit doch auch einen kleinen Hilfeschrei aus. Über einen gewissen Zeitraum konnte sie die brave, verständnisvolle große Schwester sein. Doch dann bricht ihr Kummer sich plötzlich Bahn und platzt förmlich aus ihr heraus. Andere Kinder zeigen in solchen Situationen Ärger, Trauer oder Irritation, indem sie nachts ins Bett machen, sich (vermeintlich) „aggressiv" verhalten (siehe dazu auch Seite 41 ff.), wieder am Daumen lutschen oder an Mamas Brust wollen. Erst ältere Kinder können ihre Gefühle sprachlich ausdrücken.

Einen Grund, wütend oder traurig zu sein, hat das große Geschwisterkind auf jeden Fall. Denn die Geburt eines Geschwisterchens bedeutet für die älteren Kinder eine gravierende Veränderung – besonders für die Erstgeborenen: Immerhin müssen sie Mama und Papa nun teilen. Standen sie bislang im Mittelpunkt der elterlichen Aufmerksamkeit, so müssen sie diesen Platz nun naturgemäß an das jüngere Kind abtreten. Sie werden sozusagen vom Thron geschubst. Es ist also kein Wunder, dass Jana wütend auf den kleinen Jonathan ist: Er nimmt ihr nicht nur ihren Status als „Prinzessin der Familie" weg, sondern auch häufig den kuscheligen Platz auf Mamas Schoß.

So helfen Eltern ihrem älteren Kind

Bereiten Sie Ihr Kind schon während der Schwangerschaft darauf vor, dass sich nun einiges verändern wird. Ein gutes Hilfsmittel sind dabei entsprechende Bilderbücher. Erwarten Sie nicht zu viel Verständnis und Freude von Ihrem Kind: Woher soll es wissen, wie es sein wird, ein Geschwisterchen zu haben?

Versuchen Sie, wichtige Rituale mit Ihrem großen Kind auch nach der Geburt des Geschwisterchens beizubehalten, zum Beispiel das abendliche Vorlesen. Der plötzliche Verlust von liebevollen und liebgewonnenen Gewohnheiten verunsichert Kinder. Achten Sie auch bewusst darauf, den Körperkontakt zu Ihrem größeren Kind nicht zu vernachlässigen.

Ein neues Geschwisterchen bedeutet für das größere Kind nicht nur Gewinn, sondern auch Verlust. Und damit muss es erst einmal zurechtkommen.

Die Geschwisterbindung entwickelt sich Schritt für Schritt

Reden Sie die Wut Ihres älteren Kindes nicht weg. Sie könnten stattdessen zu ihm sagen: „Ich verstehe deine Wut. Es stimmt, dass ich im Moment etwas weniger Zeit für dich habe. Ich lese dir aber nachher gerne dein Lieblingsbuch vor." Das größere Kind braucht täglich ein gewisses Maß an ungeteilter Aufmerksamkeit, zum Beispiel, wenn das Kleine schläft. Sie müssen in dieser Zeit nichts Besonderes unternehmen: Auf dem Sofa kuscheln und ein Bilderbuch anschauen reicht schon aus. Reagieren Sie auch auf heftige Ausdrücke Ihres Kindes nicht moralisierend. Wenn Ihr Kind von „Hass" spricht, ist das Ausdruck seiner Wut und nicht einer echten Ablehnung.

Das ältere Kind nicht überfordern

Beziehen Sie Ihr Kind in die Pflege und Versorgung des Säuglings ein, aber nur so weit, wie es ihm auch Spaß macht. Übertragen Sie Ihrem großem Kind insgesamt nicht zu viel Verantwortung für das kleine, indem Sie zum Beispiel zu häufig fordern: „Nun hab dich nicht so, du bist doch schon groß!" Sicher ist das ältere Kind schon größer als das jüngere, aber es ist immer noch ein Kind, das viele Bedürfnisse hat, die befriedigt werden wollen. Es kann nicht (immer) vernünftig sein!

DER IST JETZT MEINER

Der Vater wird nun besonders wichtig: Wenn Sie als Vater in der Lage sind, sich stärker um den „Großen" oder die „Große" zu kümmern, tragen Sie viel zur Stabilisierung Ihres älteren Kindes bei. Schön also, wenn Sie nun zum Beispiel öfter mit ihm zusammen auf den Spielplatz gehen oder Fahrradfahren üben. Das macht Spaß, entlastet Ihre Partnerin und hilft Ihrem größeren Kind dabei, sich weiterhin als wichtiges und wertvolles Familienmitglied zu fühlen.

Was Geschwister miteinander lernen

Geschwisterbeziehungen sind immer ganz besondere Beziehungen. Jeder, der einen Bruder oder eine Schwester hat, weiß, wie bedeutsam Geschwister für unser Leben sind – in jeglicher Hinsicht. Sie können die nahesten Vertrauten und besten Spielkameraden sein, aber auch zu Konkurrenten oder sogar Feinden werden. Geschwister wachsen in derselben Familie auf, haben dieselben Eltern und kennen sich von Anfang an. Geschwister lernen mit- und voneinander, sie können sich miteinander gegen die Eltern verbünden oder sich gegenseitig im Kampf um die Aufmerksamkeit in den Rücken fallen. Sie teilen manchmal Geheimnisse, schützen sich gegenseitig oder verpetzen einander.

Die Beziehungen von Geschwistern sind meist sehr vielschichtig: Oft sind sie stark geprägt von Liebe, tiefem Vertrauen, aber auch von Rivalität und Wut. Geschwister schauen sich Verhaltensweisen voneinander ab, wollen sich aber gleichermaßen voneinander unterscheiden und suchen Rollen, die von dem Bruder oder der Schwester nicht besetzt sind. So kommt es in Familien zum Beispiel häufig vor, dass es ein braves und ein etwas „aufsässigeres" Kind gibt.

> Geschwister üben miteinander die Grundfertigkeiten menschlichen Zusammenlebens. Auseinandersetzungen zwischen Geschwisterkindern sind also nicht nur normal, sondern auch erwünscht!

Eingreifen oder raushalten?

„Mama, der Paul hat schon wieder meine Stifte genommen!" Unterstützen Sie nicht, dass sich Ihre Kinder gegenseitig verpetzen. Reagieren Sie gelassen und schimpfen Sie nicht sofort mit dem vermeintlich Schuldigen, sondern prüfen Sie erst einmal in Ruhe, was überhaupt passiert ist. Greifen Sie bei Geschwisterstreitereien möglichst selten ein. In der Regel vertragen sich Kinder schnell wieder. Und das gelingt reibungsloser, wenn sich kein Erwachsener einmischt.

Sollte es zu Handgreiflichkeiten kommen, so wägen Sie ab: Handelt es sich um harmlose Raufereien, in denen beide Kinder fair bleiben? Oder geht die Rangelei stark zulasten eines Kindes? Dann sollten Sie eingreifen. Auch wenn der Altersunterschied mehr als vier Jahre beträgt, sollten Sie das schwächere Kind schützen.

Das jüngere Kind ist jedoch nicht immer der Schwächere. Oft hat es ganz besondere „Tricks" auf Lager, um das ältere zu provozieren. Manchmal ist gerade der Nesthäkchenstatus sein Joker. Versuchen Sie, keine Partei zu ergreifen. Ansonsten schüren Sie unnötig die Rivalität. Hinterfragen Sie also hin und wieder Ihren „Beschützerinstinkt" und halten Sie sich gegebenenfalls zurück. Und achten Sie außerdem darauf, dem ältesten Kind nicht zu viel Verantwortung zu übertragen und zu viel „Vernunft" abzuverlangen; das kann überfordernd sein. Sogenannte Sandwichkinder, also diejenigen, die in der Geschwisterfolge in der Mitte sind, geraten manchmal ein bisschen aus dem Blick. Widmen Sie Ihrem Sandwichkind bewusst immer mal wieder ungeteilte Aufmerksamkeit.

> Geschwister lernen miteinander, wie man streitet, wie man sich durchsetzt, dass man auch mal zurückstecken muss und wie man sich wieder versöhnt.

Tipps für den Umgang mit Geschwisterkindern

- Es lässt sich nicht vermeiden, dass Eltern manchmal mit einem ihrer Kinder besser zurechtkommen als mit dessen Bruder oder Schwester. Achten Sie aber darauf, dass Sie nicht das eine zum Vorzeigekind und das andere zum „schwarzen Schaf" erklären.

- Vergleichen Sie Ihre Kinder nicht, schon gar nicht in deren Anwesenheit.

- Ermahnen Sie niemals ein Kind, sich endlich so gut zu benehmen wie sein Bruder oder seine Schwester. Das kränkt ein Kind und schürt die Rivalität.

- Achten und respektieren Sie stets die Geschwisterfolge: Der Ältere muss immer ein bisschen mehr dürfen als der Jüngere.

Wut ist ein starkes Gefühl mit viel Antriebskraft

4

„Ich bin so sauer!"

Kinder dürfen wütend sein

Der fünfjährige Luis sitzt friedlich mit seinem Freund, dem vierjährigen Timo, im Sandkasten. Sie bauen dort seit geraumer Zeit gemeinsam eine Murmelbahn. Die Mütter haben auf einer Bank Platz genommen und unterhalten sich. Plötzlich hören sie lautes Gezeter: **„Gib mir die Schaufel zurück, du Blödmann! Die gehört mir!"**, *schreit Luis aufgebracht. „Ich darf die aber auch mal haben!", kontert Timo. „Los, gib her!" Luis versucht, Timo die Schaufel aus der Hand zu reißen. Timo kreischt laut und schubst Luis weg. Luis fällt hin und stößt sich den Kopf. Prompt steht er wieder auf und schlägt Timo ins Gesicht. Die Mütter kommen angerannt und zerren die Zankhähne auseinander. Luis' Mutter ermahnt die beiden: „Ihr sollt euch nicht wehtun, das wisst ihr doch!" Die Jungen schniefen und schimpfen noch eine Weile vor sich hin. Zehn Minuten später spielen sie weiter, als sei nichts gewesen. Die Mütter schütteln den Kopf und wundern sich.*

Wut ist eine starke Emotion. Sie entsteht, wenn sich jemand hilflos oder bedrängt, ausgenutzt, ignoriert, benachteiligt, unverstanden, zurückgewiesen oder auf andere Weise schlecht behandelt fühlt. Wut ist auch auf Frustration zurückzuführen, etwa, wenn jemand nicht das tun kann, was er tun möchte oder von anderen daran gehindert wird. Ein Kind, das zum Beispiel gerne auf einen Baum klettern möchte und das von seiner Mutter verboten bekommt, reagiert darauf entsprechend wütend oder traurig.

Wut wird oft als „negative" Emotion bezeichnet und hat in unserer Gesellschaft keinen guten Ruf. Zu Unrecht, denn Wut hat – wie alle Gefühle – eine wichtige Funktion für unsere Seelenhygiene und ist insofern durchaus nützlich. Immerhin signalisiert sie dem Betroffenen, dass seine Grenze überschritten wurde, dass er in seiner Integrität, in seiner Würde verletzt ist.

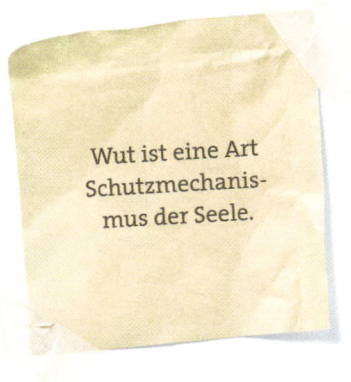

Wut ist eine Art Schutzmechanismus der Seele.

Wut wird oft als heftiger Impuls erlebt und führt zu starken inneren und äußeren Reaktionen. Viele Menschen weinen, schimpfen oder schreien, wenn sie wütend sind. Manche werfen Dinge durch die Gegend oder werden sogar handgreiflich. Gefühle von Ohnmacht, Ausweglosigkeit, Verzweiflung und Überforderung sind oft an Wut gekoppelt. Und viele schämen sich im Nachhinein für das, was sie während eines Wutanfalls gesagt oder getan haben.

Wut ist also weniger eine negative als eine höchst unangenehme Emotion.

Auch die Wut anderer Menschen löst bei uns starke Gefühle aus, wie Ärger, Angst oder Schuld. Es ist also kein Wunder, dass Eltern auf die Wutausbrüche ihrer Kinder heftig reagieren und mitunter selbst wütend werden.

Wut ist gesund

Wut infolge von Frustration ist bei Kindern normal und das Zeichen einer gesunden emotionalen Entwicklung. Sie müssen den angemessenen Umgang mit Frustration erst lernen. Das dauert bis ins Erwachsenenalter und erfordert immer wieder die Geduld der Eltern. Weil kleine Kinder sich sprachlich noch nicht so differenziert ausdrücken

> Die Wut ist kein Feind, der bekämpft werden muss, sondern ein Freund, der uns zeigt, an welchen Stellen wir besonders empfindlich sind.

Dem Kind helfen, mit seiner Wut umzugehen

- Bleiben Sie Ihrem aufgebrachten Kind gegenüber möglichst zugewandt. Strafen Sie es nicht mit Ignorieren oder Wegschicken. Nur weil es im Moment wütend ist, ist es kein „böses" Kind, das man bestrafen müsste. Wütende Kinder fühlen sich schnell abgelehnt, wenn Eltern schimpfen oder sich abwenden. Wenn Ihr Kind sich allerdings von sich aus zurückzieht und so besser beruhigt, ist das in Ordnung.

- Bleiben Sie selbst möglichst ruhig und fair – auch, wenn Ihr Kind in seiner Wut frech oder handgreiflich wird. Sagen Sie klar: „Ich sehe, dass du wütend bist. Aber ich möchte nicht, dass du etwas kaputt machst." Im Zweifelsfall darf es auf ein Kissen oder eine Boxsack hauen. Aufgelöste und frustrierte Kinder brauchen souveräne Erwachsene, die sie dabei unterstützen, aus ihrer Irritation herauszufinden. Verständnis, Geduld und Humor sind dabei sehr hilfreich.

- Fragen Sie Ihr Kind, was es so wütend macht. Statt zu schimpfen, könnten Sie einfach einmal nachhaken: „Was macht dich denn jetzt so wütend?" Ihr Kind bekommt so die Chance, innezuhalten und seine Gefühle besser zu spüren und zu benennen. Je älter das Kind wird, desto leichter wird ihm das fallen. Seien Sie nicht enttäuscht, wenn Ihr Kind sich noch nicht zu den Gründen seiner Wut äußern kann. Das ist kein Zeichen von Unwillen oder Sturheit. Die Aussage „Weiß ich nicht" ist bei kleinen Kindern eine ehrliche Antwort.

Das soziale Miteinander birgt immer wieder Anlässe für Wut und Enttäuschung

> Schon das Gefühl, in seiner Wut gesehen zu werden, kann die Wut mildern.

können, reagieren sie auf Wutgefühle häufig körperlich – mit Hauen, Beißen oder Schreien. Eltern sollten dann nicht schimpfen, sondern das Kind beruhigen und ihm klar sagen, was sie erwarten: „Ich möchte nicht, dass du einen anderen haust!" Genauso sollten sich Eltern verhalten, wenn Ihr Kind sich in seiner Wut selbst in Gefahr zu bringen droht. Ein älteres Kind ist dazu in der Lage, seiner Wut Ausdruck zu verleihen, indem es zum Beispiel sagt: „Ich bin echt wütend!" Es geht in der Erziehung keinesfalls darum, kindliche Wut zu unterbinden. Kinder, die Wut und Ärger permanent unterdrücken müssen, können auf Dauer krank, zum Beispiel depressiv werden. Kinder müssen wütend sein dürfen. Und die Eltern können ihnen dabei helfen, einen guten Umgang mit Frustrationen und ihrer Wut zu lernen.

Die Wut des Kindes akzeptieren

Wenn ein Kind wütend ist, kann es erkennen, was es überhaupt kränkt und wann seine Grenzen überschritten worden sind. Eltern reagieren mit Bemerkungen wie „Stell dich nicht so an!", wenn sie die Wut ihres Kindes nicht nachvollziehen oder schlecht ertragen können. Das ist verständlich, hilft einem wütenden Kind aber nicht weiter. Besser ist es, die Wut des Kindes einfach auszuhalten, also tief durchzuatmen und sich zu sagen: „Na gut, dann ist er jetzt mal wütend."

Nehmen Sie die Wut Ihres Kindes ernst. Sie müssen seine Wut nicht sofort „wegmachen", dürfen sie allerdings auch nicht einfach ignorieren. Zeigen Sie Mitgefühl, indem Sie zum Beispiel sagen: „Oh, das scheint dich ja sehr ärgerlich zu machen!" Und achten Sie darauf, ganz ohne Ärger oder Ironie zu sprechen. Nur dann fühlt sich Ihr Kind ernst genommen.

Wenn Ihr Kind häufig wütend ist und aus diesen Zuständen schwer herausfindet, sollten Sie überlegen, woran das liegen könnte: Gibt es starke familieninterne Spannungen? Auch einschneidende Veränderungen wie ein Umzug oder die Trennung der Eltern können Kinder gehörig durcheinanderbringen. Sie zeigen ihre Irritationen und Ängste dann in Form von Wut und Trotz. Manchmal verbirgt sich hinter Wut auch Traurigkeit, zum Beispiel ausgelöst durch den Tod eines Angehörigen. Dann gilt es, darüber zu reden und das Kind zu trösten.

Eltern müssen herausfinden, was ihnen wirklich wichtig ist

5

Hausarrest, Fernsehverbot & Co.

Wie sinnvoll sind Drohen, Schimpfen und Strafen?

„Flo, komm' bitte herein, es wird kalt, und wir wollen zu Abend essen." *Florians Mutter hat den Tisch bereits gedeckt und ruft aus dem Fenster. Der Fünfjährige kickt gelassen seinen Ball vor sich her. „Florian, bitte komm' jetzt!" „Hab aber noch keine Lust, reinzukommen. Die anderen sind doch auch noch draußen", erwidert Florian. „Das ist mir egal, Flo, du kommst jetzt jedenfalls rein. Und zwar sofort!" „Nö!", meint Florian trotzig und spielt einfach weiter. Nun tritt der Vater vor das Haus. Er fordert seinen Sohn nochmals auf: „Florian, komm jetzt bitte sofort herein!" Und als das nichts nützt, poltert der Vater los: „Wenn du nicht sofort tust, was deine Mutter gesagt hat, hast du für den Rest der Woche Fernsehverbot!" Florian schaut erschrocken auf, grummelt noch etwas vor sich hin, schnappt seinen Ball und kommt ins Haus.*

Würden Sie sagen, dass Florians Eltern es richtig gemacht haben? Wie hätten Sie sich verhalten? Tatsache ist, dass die Eltern ihr Ziel, Florian dazu zu bewegen, ins Haus zu kommen, erreicht haben. Sie haben sich also durchgesetzt. Zumindest vordergründig. Aber um welchen Preis? Ist die „Erziehungsmethode", sich mithilfe von Strafandrohung durchzusetzen, noch zeitgemäß? Und vor allem: Geht es nicht auch anders?

Drohen – das fragwürdige Arbeiten mit der Angst

Versetzen wir uns zunächst einmal kurz in Florian hinein: Wie fühlt sich ein Kind, dem eine solche Strafe angedroht wird? Ist es ärgerlich und wütend? Oder eher ängstlich und eingeschüchtert? Fühlt es sich vielleicht unverstanden? Oder von allem ein bisschen?

Florian folgt den Anweisungen der Eltern nicht, weil er ein Einsehen hat oder einfach davon ausgeht, dass sie es gut mit ihm meinen. Er macht das einzig und allein, weil er keine andere Möglichkeit sieht. Und weil er Angst bekommen hat – vor der heftigen Reaktion der Eltern, ihren lauten Stimmen, der befürchteten Ablehnung und natürlich vor der Strafe und ihren Folgen. Doch wollen wir wirklich, dass unsere Kinder Angst haben? Eigentlich nicht. Die Zeiten, in denen Kinder als kleine Befehlsempfänger betrachtet wurden, sind glücklicherweise vorbei.

In der Not greifen Eltern aber dann häufig doch wieder auf die altbekannten „Erziehungsmaßnahmen" zurück. Manchmal gar nicht so sehr aus Überzeugung, sondern eher aus Hilflosigkeit. „Ich muss so streng sein, sonst hört mein Kind gar nicht", heißt es dann oft. Moralische Androhungen wie „Wenn du nicht machst, was ich dir sage, wird Mami ganz traurig!" sind nicht minder problematisch. Wenn Eltern dauerhaft ihre Macht benutzen, um ihren Willen gegen die Interessen des Kindes durchzusetzen, kann die Eltern-Kind-Beziehung darunter empfindlich leiden.

> Eltern wollen starke Kinder, die ihre eigenen Interessen vertreten. Da sind Auseinandersetzungen in der Familie unvermeidlich.

Natürlich ist es manchmal nötig, dass Eltern sich durchsetzen, etwa um ihre Kinder vor Gefahren zu schützen. Sie müssen ihre Kinder an die Hand nehmen und ihnen die Richtung weisen, ihnen Vorgaben machen. Eltern sollten ihre Kinder aber auch gleichermaßen respektieren und wertschätzen. Und dazu gehört auch, sie nicht einzuschüchtern oder ihnen Angst zu machen.

Schimpfen ist kein Erziehungsmittel

Ähnlich problematisch wie das Drohen ist Schimpfen. Sicher, es wird sich nicht vermeiden lassen, dass Eltern hin und wieder ihrem Ärger auch ein wenig lauter Luft machen. Das ist auch nicht schlimm. Problematisch wird es jedoch, wenn Eltern häufig und heftig schimpfen. Das kann für ein Kind sehr belastend sein.

Doch warum schimpfen Eltern eigentlich? Vermutlich, weil viele Mütter und Väter selbst als Kind ausgeschimpft worden sind und es nicht anders kennen. Sie übernehmen unkritisch diese Tradition und halten Schimpfen für ein notwendiges Erziehungsmittel. Eltern

So können sich Eltern das Schimpfen weitgehend sparen

- Sorgen Sie für ein verlässliches und liebevolles Verhältnis zwischen Ihnen und Ihrem Kind. Wenn Ihr Kind sich emotional getragen fühlt, kooperiert es auch meistens.

- Achten Sie darauf, Forderungen und Bitten freundlich zu äußern. Auch bei Erwachsenen regt sich schnell innerer Widerstand, wenn sie unfreundlich oder barsch behandelt werden. Vermeiden Sie die Befehlsform: Niemand möchte gerne herumkommandiert werden.

- Unterscheiden Sie Forderungen von Bitten: Einer Forderung hat das Kind nachzukommen. Eine Bitte hingegen darf es abschlagen, ohne dafür Ärger zu bekommen.

- Formulieren Sie Ihre Wünsche klar und einfach, sodass Ihr Kind sie nachvollziehen kann. Auf alles, was willkürlich oder unklar erscheint, reagieren Kinder irritiert oder gar ärgerlich.

- Nehmen Sie in Kauf, dass Ihr Kind die erforderlichen Dinge gelegentlich recht unwillig erledigt. Schlechte Laune sollte nicht bestraft werden. Jeder hat mal keine Lust. Und das ist für Erwachsene wie für Kinder in Ordnung.

- Und haben Sie Geduld: Es ist verständlich, dass Kinder nicht immer mitmachen. Sie haben eben auch ihren eigenen Kopf und einen eigenen Willen. Und das soll auch so sein und bleiben!

schimpfen aber in erster Linie, weil sie ärgerlich sind. Es ist verständlich, dass sie emotional auf ihre Kinder reagieren, besonders, wenn diese gerade ihre Nerven sehr strapazieren. Beim heftigen Schimpfen jedoch lassen Eltern die unangenehmen Gefühle, die ihnen ihr Kind bereitet, auch wieder am Kind ab.

Kinder nicht verletzen

Und auch hier sollten wir wieder den Blick auf das ausgeschimpfte Kind lenken: Wie mag es sich fühlen? Gedemütigt? Nicht gesehen? Nicht liebenswert? Kinder sind existenziell darauf angewiesen, von ihren Eltern in ihrer Integrität respektiert zu werden. Kinder, die oft und heftig ausgeschimpft werden, haben infolgedessen häufig Probleme, ein stabiles Selbstwertgefühl zu entwickeln.

Anstatt lauthals loszuschimpfen, ist es weit besser, dem Kind immer wieder klare Ansagen zu machen. Anstatt „Das ist ja unerhört, wie du dich benimmst!" zu zetern, könnten Sie sagen: „Ich möchte nicht, dass du so herumschreist!" Und die Aussage „Immer gibst du Widerworte! Mach einfach, was ich dir sage!" könnte ersetzt werden durch: „Ich kann ja nachvollziehen, dass du keine Lust hast, mit dem Spielen aufzuhören. Aber leider geht das jetzt nicht anders." Üben Sie sich darin, klar und gleichermaßen deutlich und freundlich zu bleiben. Das ist nicht immer leicht, gelingt mit ein bisschen Übung aber immer besser.

> Tief durchatmen und Abstand gewinnen – so lassen sich unkontrollierte Ausbrüche vermeiden.

Sind Strafen sinnvoll?

Viele Eltern halten Strafen für nötig, um dem Kind seine Grenzen aufzuzeigen. Die meisten Mütter und Väter allerdings setzen Strafen auch wieder eher aus Hilflosigkeit denn aus Überzeugung ein. „Ich weiß nicht, was ich sonst noch machen soll!" ist eine häufige Begründung für Hausarrest, Nintendo-Verbot etc.

Strafmaßnahmen werden von den Kindern oft als willkürlich und ungerecht erlebt. Sie sind auch langfristig wenig effektiv, da die Kinder in der Regel Strategien entwickeln, um den Strafen zu entkommen. Lügen zum Beispiel, denn wer gibt schon gerne einen Fehler zu, wenn er dann mit einer Bestrafung rechnen muss?

Geben Sie Ihrem Kind immer eine zweite Chance: Hat es zum Beispiel bei der ersten Aufforderung vergessen, neben seinem Pullover auch das Bilderbuch in sein Zimmer zu bringen, kann es das ja nachholen. Seien Sie nicht zu streng und zu pingelig. Kinder vergessen schon mal etwas, das ist bei Erwachsenen auch nicht anders.

Besser als Strafen zu verhängen ist es, das Kind die logischen Konsequenzen seines Verhaltens spüren zu lassen: Läuft Ihr Kind trotz entsprechender Hinweise zum wiederholten Mal mit Gummistiefeln durch den Flur, muss es die Schmutzspuren dann eben selbst wegmachen. Schimpfen und Bestrafen können Sie sich dann getrost sparen. Vereinbaren Sie am besten mit Ihrem Kind zusammen, was passiert, wenn es sich nicht an Verabredungen oder Vorgaben hält: Lassen Sie Ihr Kind selbst Vorschläge machen – zum Beispiel: „Wenn ich abends mein Lieblingskleid nicht in den Wäschesack packe, wird es auch nicht gleich gewaschen, damit ich es bald wieder anziehen kann." Sorgen Sie dann aber auch dafür, dass diese Konsequenzen eingehalten werden. Sonst machen Sie sich unglaubwürdig.

Regeln und Rituale bieten Orientierung im Familienalltag.

Unangenehme Gefühle müssen raus – das gilt für Kinder wie Erwachsene

6

„Der Till war richtig kacke heute!"

Warum Kinder Schimpfwörter benutzen

Phillip sitzt mit seinen Eltern beim Abendessen. „Na, wie war es denn heute im Kindergarten?", fragt sein Vater. „Gut", antwortet Phillip. **„Nur der Till, der war heute ein Arsch."** Die Eltern machen große Augen. „Wie bitte? Warum sagst du das? Das ist aber nicht nett von dir!" „Stimmt aber doch, der Till war richtig kacke heute." „Phillip, ich möchte nicht, dass du solche Wörter benutzt!", mahnt ihn die Mutter. Phillip wird wütend: „Wenn es aber doch stimmt! Der Till ist einfach ein Arsch!" Er ist den Tränen nahe. Nun mischt sich der Vater ein: „Philipp, ich glaube, das mit dem Till macht dich richtig traurig, stimmt's? Magst du mal erzählen, was genau passiert ist?" Phillip erzählt, dass er sich von Till im Stich gelassen gefühlt hat und niemanden zum Spielen hatte. Phillips Eltern hören aufmerksam zu und zeigen Verständnis. Und zum Schluss fragt Phillip: „Kapiert ihr jetzt, warum der Till ein Arsch war?"

Man mag über Schimpfwörter und Kraftausdrücke denken, was man will, sie gehören zu unserem Sprachrepertoire einfach dazu. Es ist also eine Frage der Zeit, wann Ihr Kind die ersten „schmutzigen" Wörter irgendwo aufschnappt und mehr oder weniger lustvoll ausprobiert. Und mal ehrlich: Auch wir Erwachsenen benutzen Schimpfworte und Kraftausdrücke weit häufiger, als wir zugeben möchten. Sicher fallen auch Ihnen rasch typische Situationen ein, in denen Sie herzhaft drauflos wettern oder einen Kollegen insgeheim als „Idioten" bezeichnen. Flüche kommen uns schnell von den Lippen, wenn wir uns aufregen oder ärgern – vor allem im Straßenverkehr, aber auch, wenn uns etwas misslingt und wir frustriert sind. Auf diese Weise verleihen wir unserer aktuellen Gemütsverfassung deutlich Ausdruck.

Mal gelingt es uns, diesen Impuls zu unterdrücken, manchmal aber auch nicht. Das ist menschlich. Wenn wir uns selbst dabei erwischen, in Anwesenheit eines Kindes schlimm über jemanden hergezogen zu haben, tun wir allerdings gut daran, zu sagen: „Oh, das ist mir jetzt so rausgerutscht; das war nicht nett von mir." Damit sind Sie ein gutes Vorbild. Sie signalisieren, dass es mal passieren kann, aber darum wissen, dass es eigentlich nicht in Ordnung ist.

> Kleine Kinder schnappen Schimpfwörter von den Größeren oder aus den Medien auf und benutzen sie dann fröhlich, ohne deren Sinn überhaupt zu verstehen.

Experiment oder Provokation?

Ein Kind lernt viel durch Beobachten, Abschauen und Ausprobieren. Wenn es zum Beispiel in der Kita mitbekommt, dass die ErzieherInnen auf bestimmte Ausdrücke besonders energisch reagieren, schlussfolgert es daraus zu Recht, dass es mit diesen Begriffen etwas Besonderes auf sich haben muss. Und das ist richtig spannend. Zumal das Experimentieren mit Sprache ja auch zum Spracherwerb und zum Reifungsprozess dazugehört. Da wird dann schon mal im Sandkasten ein „Du plödes Asloch" herausposaunt, wenn der andere den Plastikbagger nicht rausrückt. Oder die Mutter, die das Kind ins Bett bringen will, wird als „doofe Kuh" tituliert.

Das Kind merkt auch rasch, dass es mit Schimpfwörtern bestimmte Reaktionen hervorrufen kann. Viele meinen daher, dass Kinder diese Begriffe gezielt einsetzen, um die Eltern zu provozieren oder Grenzen auszutesten. In der Regel benutzen Kinder Schimpfwörter jedoch weniger, um zu provozieren, sondern vielmehr, um ihrem Frust oder ihrer Wut Ausdruck zu verleihen.

Manchmal halten auch drastische Wörter Einzug ins Kinderzimmer, etwa sexistische Ausdrücke oder diskriminierende Bezeichnungen. Eltern reagieren darauf manchmal schockiert, vor allem, wenn ihnen diese Ausdrücke selbst fremd sind. Jedoch ist auch das zunächst kein Grund zur Sorge: Ihr Kind ist weder verdorben noch schamlos. Welcher Dreijährige weiß schon, was „Fick dich" oder „Hurensohn" bedeutet? Und ein weiterer Trost: Diese Phase geht in der Regel rasch vorbei. Vor allem, wenn Sie freundlich und souverän mit Ihrem kleinen Rohrspatz umgehen.

Kinder brauchen das Gefühl: Es ist okay, wenn ich wütend bin

Immer schön gelassen bleiben

Es ist unrealistisch, einem Kind den Gebrauch von Schimpfwörtern und Flüchen konsequent zu verbieten. Eltern werden es auch nicht ganz verhindern können, dass ihr Kind in einem Wutanfall mal jemanden beschimpft. Bleiben Sie also gelassen, wenn Ihr Kind plötzlich Wörter benutzt, die Sie schlimm finden oder Ihnen sogar die Schamesröte ins Gesicht treiben. Das heißt deshalb nicht, dass Sie es ignorieren sollten, wenn Ihr Kind jemanden beleidigt. Vor allem, wenn es die Schimpfwörter direkt gegen eine Person richtet, sollten Sie einschreiten.

Auch auf derbe Ausdrücke werden Sie natürlich reagieren. Und zwar möglichst klar, ruhig und besonnen. Es reicht aber nicht, den Kindern zu verbieten, bestimmte Worte zu benutzen. Sätze wie „Das sagt man nicht!" überzeugen Kinder in der Regel nicht. Eine solche Aussage bleibt abstrakt und unpersönlich, sie wird deshalb schnell bedeutungslos.

Weisen Sie Ihr Kind freundlich darauf hin, dass Schimpfwörter keine freundlichen Wörter sind. Denken Sie aber immer daran: In der Regel

So reagieren Eltern angemessen

- Prüfen Sie, ob Ihr Kind Schimpfwörter eher im Spaß oder aus Wut benutzt. Es ist ein Unterschied, ob es einen Freund lachend als „Blödi" bezeichnet oder schreiend als „doofes Arschloch". Alles, was andere in ihrer Würde verletzt, sollte eine klare (aber liebevolle!) Reaktion der Eltern zur Folge haben.

- Unterdrücken Sie keinesfalls die Wut, die der Schimpftirade Ihres Kindes zugrunde liegt. Fragen Sie lieber nach: „Was macht dich denn so wütend?" Damit zeigen Sie Ihrem Kind, dass Sie seine Gefühle wahr- und ernst nehmen.

- Erklären Sie Ihrem Kind, dass es nicht in Ordnung ist, anderen Menschen wehzutun – sei es körperlich oder mit Worten. Sensibilisieren Sie Ihr Kind dafür, indem Sie

ihm zum Beispiel klarmachen, dass es auch nicht als „Dummkopf" bezeichnet werden möchte.

- Manche Eltern finden es nicht schlimm, wenn ihrem Kind gelegentlich ein „Scheiße" rausrutscht, weil es ihnen selbst passiert. Mütter und Väter müssen selbst entscheiden, wie streng oder locker sie sich hier verhalten wollen.

- Wägen Sie beim Thema Schimpfwörter ab: Was finden Sie noch in Ordnung, was nicht mehr? Darf Ihr Kind im Streit mal seine Schwester als „blöde Ziege" bezeichnen oder den Bruder als „Arschgeige?" Schimpfworte wie „Schwuchtel", „behindert", „Schlampe" oder noch vulgärere Ausdrücke sollten aber tabu bleiben. Sie sind sexistisch und menschenverachtend!

wollen Kinder nicht verletzend sein, sondern ihre eigene Verletzung zum Ausdruck bringen. Überlegen Sie also: Was könnte mein Kind gerade so wütend gemacht haben?

Sagen Sie ganz konkret, was Sie wollen bzw. was Sie nicht wollen: „Ich möchte nicht, dass du dieses Wort benutzt. Ich mag dieses Wort nicht." Da die Meinung der Eltern den Kindern sehr wichtig ist, wirkt das viel effektiver als ein moralisches oder allgemeingültiges Verbot. Wenn Ihr Kind groß genug ist oder sogar nachfragt, sollten Sie ihm den Inhalt bestimmter Schimpfwörter erklären. Etwa dass „schwule Sau" ein herabwürdigender Ausdruck für Männer ist, die andere Männer lieben. Seien Sie möglichst ehrlich und offen. Scheu ist hier fehl am Platz. Achten Sie aber auf eine behutsame, kindgerechte Ausdrucksweise.

Schimpfwörter können ein Ventil für unangenehme Gefühle sein, die ein Kind sprachlich nicht zum Ausdruck bringen kann.

Wenn Ihr Kind auffallend oft schimpft und flucht

Wenn Ihr Kind gerade lustvoll alle möglichen Schimpfwörter benutzt und seine Umgebung damit hin und wieder regelrecht schockiert, können Sie das Verhalten auch mithilfe eines Spiels entschärfen: Setzen Sie sich gemeinsam hin und fordern Sie Ihr Kind auf, einfach mal alle Schimpfwörter aufzuzählen, die es kennt. Sagen Sie dann: „Sag mir mal das allerschlimmste Schimpfwort, das du jemals gehört hast!" Sie können auch kreativ sein und gemeinsam neue, möglicherweise witzige Schimpfwörter erfinden. Ihrer Fantasie sind dabei keine Grenzen gesetzt! Damit holen Sie das Thema aus der Tabuzone, nehmen ihm die Brisanz und so letztlich auch den Reiz.

Wenn Ihr Kind groß genug ist, können Sie es auch fragen, was ihm daran gefällt, sich so drastisch auszudrücken. Manchmal kann diese Unterhaltung sehr aufschlussreich sein. Besonders Kinder, die sich oft als schwach erleben, setzen Kraftausdrücke ein, um sich stärker zu fühlen. Vielleicht hat Ihr Kind auch Kummer. Manchmal verwandeln Kinder ihre Traurigkeit in Wut und zeigen diese dann durch eine provokative Sprache.

Kinder brauchen Gelegenheiten, ihre aggressiven Impulse auszuleben

Kratzen, schubsen, beißen

7

Wie viel Aggression ist okay?

Julia ist drei Jahre alt und gerade in den Kindergarten gekommen. *Seit zwei Wochen fällt sie den ErzieherInnen dadurch auf, dass sie andere Kinder schubst und beißt. Schon mehrfach wurden Julias Eltern darauf hingewiesen, dass ihr Kind „aggressives Verhalten" zeige. Zuhause ist Julia ein ausgeglichenes, fröhliches und ruhiges Kind. Die Eltern sind verunsichert: Machen wir etwas falsch? Was sollen wir tun? Eines Tages ruft die Erzieherin bei den Eltern an und berichtet, Julia habe ein anderes Mädchen so heftig in den Arm gebissen, dass es zum Arzt gebracht werden musste. Julias Eltern sind entsetzt. Sie entschuldigen sich bei der Mutter des betroffenen Kindes, die glücklicherweise gelassen reagiert. Nach einer Woche klingt Julias vermeintlich „aggressives Verhalten" – ohne weitere Maßnahmen – wieder ab. Julia gilt nun als gut integriertes und ausgesprochen freundliches Kind.*

Alle Menschen haben Aggressionen, sie wurden im Laufe der Evolution in unserem Organismus verankert. Und sie erweisen sich als nützlich: Aggressionen helfen uns nämlich dabei, uns in (potenziell) gefährlichen Situationen zu verteidigen und dienen so unserem Überleben und unserem Schutz. Aggressionen sind nicht grundsätzlich destruktiv, können es aber unter bestimmten Umständen werden.

Wann gilt ein Kind als überdurchschnittlich aggressiv?

Für manche ErzieherIn ist Schubsen schon ein aggressiver Akt, während eine andere das als normales, altersgemäßes Verhalten interpretieren würde. Männer sehen aggressiv scheinendes Verhalten oft lockerer als Frauen: Was für manche Väter unter „ganz normales Raufen unter Jungen" fällt, wird von einigen Müttern bereits als „Gewalt" empfunden. Die Toleranzgrenzen verlaufen also unterschiedlich. Auch Experten sind sich in diesem Punkt uneins. Insofern ist es schwierig, auf die Frage „Wann gilt ein Kind als aggressiv?" eine einfache klare Antwort zu geben. Als wichtigste Kriterien bei der Beurteilung von „aggressivem Verhalten" gelten:

Das Alter des Kindes: Je jünger das Kind ist, desto größer ist die Wahrscheinlichkeit, dass es sich bei seinem Verhalten nicht um gezielte Aggression mit Schädigungsabsicht handelt. Bis zum Alter von etwa drei Jahren gehen Kinder noch nicht zielgerichtet oder planvoll vor. Wenn sie beißen oder hauen, handelt es sich immer um impulsgesteuerte Reaktionen; es fehlt die Absicht, jemanden zu verletzen.

Die Häufigkeit der „aggressiven" Handlungen: Je öfter sich ein (älteres) Kind zielgerichtet aggressiv verhält, desto mehr Probleme hat es – mit sich, mit anderen und mit seiner Impulskontrolle.

Die Qualität der „aggressiven" Handlungen: Es ist ein Unterschied, ob sich ein Kind zu seinem gefühlten Recht auf eine Schaufel verhilft, indem es den Spielkameraden schubst, oder ob es andere Kinder dazu anstiftet, ein anderes Kind zu schlagen.

> Alle Menschen haben Aggressionen. Sie helfen uns dabei, uns in gefährlichen Situationen verteidigen zu können und dienen so auch unserem Schutz.

Die Situationen, in denen das Kind „aggressives Verhalten" zeigt:
Wenn das Kind nur in (gefühlten) Notlagen haut oder tritt, wird man
es kaum als aggressiv bezeichnen. Ist es hingegen auch in vielen anderen Situationen bereit, körperliche oder verbale Gewalt anzuwen-
den, liegt ein Problem vor: Das aggressive Verhalten hat sich bereits
generalisiert.

Im Spiel gibt es viele Möglichkeiten, Aggressionen zu verarbeiten

Mögliche Ursachen für scheinbar „aggressives Verhalten"

- Kleine Kinder benutzen manchmal Hände und Zähne, um auf sich aufmerksam zu machen.
- Wenn ein Zweijähriger haut, ist das oft der Versuch, Kontakt aufzunehmen, etwas durchzusetzen und/oder sich zu wehren.
- Mit „aggressivem Verhalten" bringt ein Kind in der Regel Frustration zum Ausdruck, zum Beispiel, wenn es sich übersehen oder überfordert fühlt.
- Kinder versuchen oft, mithilfe aggressiven Verhaltens auf ihre unbefriedigten Bedürfnisse hinzuweisen, zum Beispiel, wenn ihnen Bestätigung und Zuwendung fehlen.
- Manche Kinder sind impulsiver in ihren Reaktionen als andere. Hierbei spielt das Temperament eine Rolle.
- Kinder reagieren manchmal auf familiäre Konflikte, Irritationen oder Krisen mit „aggressivem Verhalten".
- Kinder leben unter Umständen die unterdrückten aggressiven Impulse ihrer Eltern aus. Das ist vielen Müttern und Vätern nicht bewusst. Denken Sie also immer mal wieder darüber nach, wie Sie selbst mit Aggressionen umgehen.
- Viele als aggressiv geltende Jungen „rufen" unbewusst nach der Präsenz und Aufmerksamkeit des Vaters.
- „Aggressives Verhalten" gilt auch als Abwehr von Angst. Besonders cool wirkende Kinder kaschieren auf diese Weise ihre Verunsicherung.
- Kinder, die keinen emotionalen Boden unter den Füßen haben, versuchen oft, durch aggressives Verhalten Klarheit einzufordern, zum Beispiel Grenzen aufgezeigt zu bekommen.
- Hochaggressives Verhalten ist ein psychischer Hilferuf des Kindes. Die Ursachen können bei einem Kinder- und Jugendtherapeuten abgeklärt werden.

Der kleine Klaps und seine großen Folgen

Oft werden Kinder überdurchschnittlich aggressiv, weil sich andere Menschen ihnen gegenüber aggressiv verhalten. Eltern sollten deshalb den Umgang mit den eigenen aggressiven Impulsen überprüfen: Was macht Sie aggressiv? Wann und wie verhalten Sie sich möglicherweise aggressiv gegenüber Ihrem Kind? Und was könnten Sie gegebenenfalls anders machen?

Wenn Ihnen einmal die Hand ausgerutscht ist oder Sie Ihrem Kind auf andere Weise Unrecht getan haben, scheuen Sie sich nicht, es um Entschuldigung zu bitten. Geben Sie offen zu, dass Sie einen Fehler gemacht haben und übernehmen Sie die volle Verantwortung dafür.

> Ein Kind hat laut Gesetz das Recht auf eine gewaltfreie Erziehung. Es ist nie schuld daran, wenn es auf unfaire Weise behandelt wird!

Wie Eltern ihrem Kind helfen können

Kinder, die als aggressiv erlebt werden, geraten schnell in einen Teufelskreis: Sie werden gemaßregelt, fühlen sich dadurch entwertet, was sie wiederum frustriert und aggressiv werden lässt. Aus diesem unglücklichen Kreislauf kommt ein Kind nicht alleine heraus, es braucht dazu die Hilfe von Erwachsenen. Es ist deshalb wichtig, dass Eltern und pädagogische Fachkräfte diese unheilvolle Dynamik schnell durchbrechen. Dabei kann Folgendes helfen:

* Stempeln Sie Ihr Kind nicht als „aggressiv" oder „schwierig" ab. Sehen Sie es vielmehr als jungen Menschen, der auch den Umgang mit Wut und Aggression erst lernen muss.

* Besinnen Sie sich stärker auf die positiven Seiten des Kindes als auf seine aggressiven Impulse. Ein Kind hat immer auch Stärken und Fähigkeiten. Sagen und zeigen Sie Ihrem Kind, was Sie an ihm schätzen; das stärkt sein Selbstvertrauen.

* Versuchen Sie, die Gefühle und Impulse Ihres Kindes zu verstehen. Fragen Sie sich: Was macht mein Kind ärgerlich bzw. aggressiv? Worauf will es mich aufmerksam machen?

* Insbesondere bei „aggressiven" Jungen helfen erfahrungsgemäß Vater-Sohn-Aktionen jedweder Art: Spaßrangeleien, gemeinsam Fußball spielen etc. Dadurch lernen Jungen, ihre Energien in konstruktive Bahnen zu lenken. Und natürlich macht das auch vielen Mädchen Spaß!

Kinder müssen nicht „normal" sein – und Eltern auch nicht

8

Was heißt schon „auffällig"?

Kinder richtig verstehen und ihnen helfen

Lukas hat wieder mal Streit mit seinem Kumpel.
Immer wieder fällt der Fünfjährige dadurch auf, dass er im Kindergarten mit anderen aneinandergerät und sogar gelegentlich handgreiflich wird. Außerdem beobachtet die Erzieherin, dass sich Lukas schlecht konzentrieren kann. Beim Basteln oder Malen verliert er schnell die Geduld. Auch das Stillsitzen fällt ihm schwer, ständig springt er auf und rennt herum. Zuhause ist Lukas ebenfalls anstrengend. Er hat oft heftige Wutanfälle. Die Eltern sind voller Sorge, aber auch ärgerlich. Schließlich gehen sie mit Lukas zum Kinderarzt. Dieser kann jedoch nichts Körperliches feststellen. Er empfiehlt aber, das Kind weiter zu beobachten und gegebenenfalls später auf ADHS testen zu lassen.

Besonders wenn es schwierig wird, braucht ein Kind Eltern, die bedingungslos zu ihm stehen

Wenn Kinder sich irgendwie „auffällig" verhalten, beginnt für Eltern oft eine schwierige Phase. Häufig fühlen sie sich schuldig und haben Sorge, etwas falsch zu machen. Oder sie reagieren frustriert und erwarten von ihrem Kind, dass es sich nun doch bitte endlich ordentlich benehmen soll. Diese Erwartung ist allerdings unrealistisch: Wenn ein Kind sich auf eine auffallende Weise verhält, so tut es das nicht, um Eltern oder ErzieherInnen zu ärgern. Es agiert aus einem inneren „psycho-logischen" Programm heraus, das wir oft zunächst nicht verstehen. Wir sollten aber immer davon ausgehen, dass das Kind einen Grund hat, sich auf eine bestimmte Weise zu verhalten – ganz unabhängig davon, ob wir diesen Grund kennen oder nicht. Nicht alles, was von der Norm abweicht, ist korrekturbedürftig oder gar krankhaft. So handelt es sich bei sogenannten „Auffälligkeiten" manchmal schlicht um besondere Eigenarten des Kindes, die mit unseren Vorstellungen davon, wie ein Kind zu sein hat, nicht zusammenpassen. Es gibt schüchterne Kinder, zögerliche Kinder, Kinder, die eine Situation zunächst lange beobachten, bevor sie sich zum Beispiel mit an den Basteltisch setzen. Erwachsene reagieren auf solche Besonderheiten manchmal irritiert. Dabei braucht das Kind im Moment einfach etwas anderes als die meisten Kinder. Doch vor allem braucht es, wie alle anderen Kinder auch, das unbedingte Gefühl, so angenommen zu sein, wie es ist.

Auffällig – oder doch nur speziell?

Ein wichtiges Kriterium, um herauszufinden, ob es sich um „auffälliges Verhalten" oder eben nur um spezielle Verhaltensweisen handelt, ist der Leidensdruck des Kindes. Lernt es einfach etwas langsamer als andere Kinder und ist ansonsten fröhlich und interessiert, sollten sich Eltern keine Sorgen machen. Jedes Kind hat sein eigenes Entwicklungstempo. Wenn ein Kind aber häufig traurig, frustriert oder mutlos wird, sollte man etwas genauer hinsehen.

Wenn Sie sich Sorgen um Ihr Kind machen, sollten Sie zuerst einmal mit den pädagogischen Fachkräften in der Kita ausführlich reden und ihre Erfahrungen austauschen. Ein wichtiger Ansprechpartner ist außerdem der Kinderarzt. Er klärt ab, ob das Kind körperlich erkrankt ist. Wenn allerdings geklärt ist, dass dem Kind nichts fehlt, sollte man sich Gedanken machen, warum es sich auf diese spezifische Art und Weise bemerkbar macht.

> Ein Kind verhält sich nicht „auffällig", um Sie zu ärgern oder zu testen. Es will auf seine innere Not aufmerksam machen und hat keine anderen Mittel zur Verfügung.

Nach den Ursachen forschen

Das Kind fühlt sich überfordert, es steht unter Druck. Das passiert zum Beispiel, wenn das Kind merkt, dass es den Anforderungen vonseiten der Eltern nicht gerecht wird. Ein solches Kind wird schnell zum „schwarzen Schaf" in der Familie, vor allem, wenn es Geschwister hat, denen es leichter fällt, die elterlichen Erwartungen zu erfüllen.

Ein (Einzel-)Kind kann sich überbeobachtet fühlen und dadurch unter Druck geraten. Es versucht sich dann dem Zugriff der Eltern durch Rückzug oder „aufsässiges" Verhalten zu entziehen.

Das Kind reagiert unbewusst auf Spannungen im familiären Umfeld. Diese können ein Kind verunsichern und Ängste bei ihm auslösen, die sich dann in Form von „aggressivem Verhalten" oder auch sozialem Rückzug und Verweigerung bemerkbar machen.

Das Kind spürt, dass es in der Ehe der Eltern kriselt. Regressive Verhaltensweisen wie etwa Bettnässen können die Folge sein, ebenso aber auch Ängste, Schlafstörungen und „aggressives Verhalten".

Dem Kind fehlen Zuwendung und Aufmerksamkeit. Ein Kind, das sich nicht gut eingebettet und liebevoll angenommen fühlt, fordert Halt und Geborgenheit häufig über „auffälliges Verhalten" ein. Dieser Versuch misslingt jedoch meistens, da die Kinder für ihr unangepasstes Verhalten eher Ablehnung als Zuwendung ernten.

Das Kind reagiert auf Veränderungen in seinem Leben. Das kann die Trennung der Eltern sein, ein Umzug oder der Tod eines Familienangehörigen. Auch der Einzug eines neuen Partners der Mutter oder des Vaters in die Familienwohnung, die Geburt eines Geschwisterkindes oder die Eingewöhnungszeit im Kindergarten erweisen sich für ein Kind oft als irritierend. Wenn Sie das Kind geduldig begleiten und mit ihm offen sprechen, werden die auffälligen Verhaltensweisen jedoch nach einer Weile wieder verschwinden.

Komplizierter wird es, wenn das Kind ein traumatisches Erlebnis hinter sich hat. Körperliche und psychische Gewalterfahrungen sowie andere existenziell bedrohliche Erlebnisse können das seelische Gleichgewicht eines Kindes dauerhaft stark beeinträchtigen.

> Auffällige Kinder fühlen sich oft von ihrer Umwelt überfordert, eingeengt oder unter Druck gesetzt.

Eine sogenannte „posttraumatische Belastungsstörung"
ist bei Kindern nicht leicht zu diagnostizieren, und die Be-
handlung gehört immer in fachärztliche Hände.
Wenn Sie Ihr Kind nicht mehr verstehen, das Gefühl
haben, dass es unter großem Leidensdruck steht, und es
Ihnen immer schwerer fällt, geduldig und liebevoll zu bleiben, suchen Sie professionelle Hilfe auf. Das kann eine
Erziehungsberatungsstelle oder ein Familientherapeut
sein. Wichtig ist, dass Sie als Eltern in den Beratungs-/
Therapieprozess eingebunden sind.

Professionelle Hilfe in Anspruch zu nehmen, ist kein Zeichen von Schwäche, sondern ein Zeichen von Verant-wortung.

Typische Auffälligkeiten im Kindesalter, mögliche Ursachen und wie man damit umgeht

Verhalten	Mögliche Ursachen	Wie Sie damit umgehen können
Konzentrations-probleme, innere Unruhe, Schlaf-störungen	Das Kind ist verunsichert oder hat Ängste. Gab es einschneidende Erlebnisse?	Vermitteln Sie Ihrem Kind viel Geborgen-heit und Sicherheit. Rituale können dabei helfen.
„Aggressives Verhalten"	Das Kind ist frustriert, traurig oder verängstigt. Es fühlt sich schwach und hilflos.	Versuchen Sie, die Ursachen herauszufin-den. Geduld und Klarheit sind gefordert!
Bettnässen	Typische regressive Reaktion auf Ver-änderungen und vor neuen Entwick-lungsschritten	Bleiben Sie gelassen. In der Regel legt sich das Problem von alleine wieder. Ärztlich abklären lassen.
Schüchternheit	Angeborene und/oder erlernte Eigen-schaft	Bleiben Sie geduldig, zwingen Sie Ihr Kind nicht, „anders" zu sein.
Trotzanfälle und häufige Konflikte	Das Kind versucht, sich zu behaup-ten; sein Selbstbewusstsein wächst.	Zeigen Sie Verständnis für die Bedürfnis-se Ihres Kindes. Prüfen Sie auch: Worauf reagiert es besonders heftig? Kann ich an meinem Verhalten etwas verändern, damit auch mein Kind sich anders verhal-ten kann?
Weinen, Klam-mern	Alterstypische Verlustängste; tritt aber auch nach realen Verlusten (Tod, Trennung, Umzug, Wechsel der Kita etc.) auf.	Geben Sie Ihrem Kind viel Sicherheit. Nehmen Sie seine Ängste ernst und trösten Sie es.

Was bedeutet ADHS?

Der Kinderarzt aus unserem Beispiel hatte empfohlen, Lukas weiter zu beobachten und ihn eventuell später auf ADHS testen zu lassen. Unter ADHS versteht man eine Aufmerksamkeits-Defizit-Hyperaktivitäts-Störung, die sich folgendermaßen äußern kann:

- Das Kind hat Probleme, seine Aufmerksamkeit über längere Zeit auf ein Spiel oder eine Aufgabe zu richten. Es fällt ihm daher schwer, eine (altersangemessene) Aufgabe zu Ende zu bringen.
- Das Kind vergisst und verliert oft Gegenstände; es wirkt schusselig.
- Das Kind ist schnell von äußeren Reizen abgelenkt und kann sich schlecht über einen längeren Zeitraum hinweg konzentrieren.
- Das Kind erscheint oft abwesend und kann nicht richtig zuzuhören.
- Das Kind ist sehr ungeduldig, impulsiv und redet oft dazwischen.
- Es fällt dem Kind schwer, still zu sitzen; es rutscht unruhig hin und her, wird zappelig oder springt immer wieder auf und rennt herum.

Dabei ist wichtig: ADHS kann erst im Grundschulalter diagnostiziert werden. Eine frühere Testung ist also nicht aussagekräftig und von daher überflüssig. Die genannten Symptome müssen deutlich ausgeprägt sein, über einen Zeitraum von mindestens sechs Monaten bestehen und vor dem sechsten Lebensjahr begonnen haben.

Kinder brauchen Eltern, die sich wirklich für sie interessieren

9

Was Kinder wirklich brauchen

Erziehung mit Fingerspitzengefühl

Die dreijährige Lilian zieht ihre Puppe um. Sie versucht, ihr die Hose auszuziehen, was aber nicht gelingen will. Lilian wird ungeduldig und ärgerlich. Da kommt ihre Mutter ins Zimmer und sagt: „So, nun mach' mal Schluss, jetzt geht es ab ins Bett." Lilian springt auf, schmeißt die Puppe durch den Raum und schreit: **„Ich geh' nicht ins Bett, und du bist blöd!"** Wütend wendet sich Lilian ab und beginnt zu weinen. Lilians Mutter ist kurz davor zu sagen, dass man Puppen nicht durch die Gegend wirft. Doch dann besinnt sie sich und fragt: „Lilian, worüber ärgerst du dich denn so?" Sie nimmt ihre Tochter in den Arm. Lilian sagt: „Diese blöde Hose geht nicht runter!" – „Ach, dann hast du dich geärgert, dass du das nicht geschafft hast?" Lilian nickt und ihre Mutter meint darauf: „Das ist ja auch doof. Pass auf, du ziehst dir jetzt den Schlafanzug an, und dann schauen wir mal gemeinsam, wie das klappen kann. Möchtest du das?" Lilian nickt wieder und wischt sich die Tränen weg.

Erziehung ist kein Kinderspiel. Kinder fordern uns heraus. Nicht weil sie uns ärgern oder provozieren wollen, sondern weil sie ihre Gefühle oft nicht so regulieren können, wie wir Erwachsenen das gerne hätten. Deshalb brauchen Eltern viel Geduld und Fingerspitzengefühl – das gelingt mal besser, mal weniger gut. Eltern sollten dabei weder ihre Kinder noch sich selbst überfordern: Es gibt weder das absolut pflegeleichte Kind, noch Mütter und Väter, die immer souverän sind. Zu hohe Anforderungen können destruktiv sein, weil das Positive, das Gelungene aus dem Blick gerät.

Lilians Mutter aus unserem Beispiel hat es geschafft, sensibel auf ihr Kind einzugehen, ohne von ihrem Plan abzuweichen, dass ihre Tochter sich nun zum Schlafen fertig macht. Obwohl sie zunächst durchaus ärgerlich wegen Lilians Wutausbruch war, hat sie sich einfühlsam verhalten: Sie hat Lilian nach dem Grund ihres Ärgers gefragt, die Tochter in ihrem Kummer aufgefangen und ihr auch noch eine Lösung des Problems vorgeschlagen.

Übrigens tut Lilians Mutter gut daran, den Vorwurf „Du bist blöd!" nicht zu persönlich zu nehmen. Sie versteht, dass Lilian im Moment keine andere Möglichkeit hat, ihrem Ärger Ausdruck zu verleihen. Natürlich hätte die Mutter auch noch hinzufügen können: „Ich bin nicht blöd und ich möchte auch nicht so genannt werden!" Auch diese Reaktion wäre völlig in Ordnung gewesen.

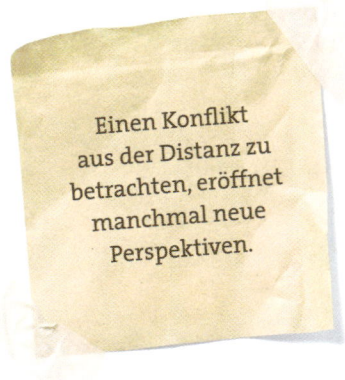

Einen Konflikt aus der Distanz zu betrachten, eröffnet manchmal neue Perspektiven.

Warum das Bauchgefühl nicht immer Recht hat

Nicht immer sind Eltern in der Lage, so souverän wie Lilians Mutter mit dem Ärger oder der Wut ihres Kindes umzugehen. Das müssen sie auch nicht. Es ist in Ordnung, dass Eltern auch mal die Geduld verlieren und ärgerlich werden. Dennoch sollten Sie sich Folgendes klarmachen: Der erste Impuls ist nicht immer der beste! Auch wenn wir unser Bauchgefühl nicht ignorieren sollten, empfiehlt es sich, in heiklen Situationen erst einmal kurz innezuhalten, bevor wir etwas tun oder sagen. Unsere vermeintliche Intuition ist sehr oft von moralischen Vorstellungen oder unseren eigenen Kindheitserfahrungen geprägt, die ein offenes Umgehen mit der Situation erschweren können. Deshalb: In schwierigen Situationen tief durchatmen, überlegen und erst dann reagieren.

Besinnen Sie sich immer wieder auf Ihre Fähigkeit, verantwortungsvolle Entscheidungen zu treffen. Auch wenn Sie sich manchmal hilflos fühlen, Sie sind nicht hilflos! Immerhin sind Sie erwachsen. Sich hilflos zu fühlen ist nicht dasselbe wie hilflos zu sein.

Vermitteln Sie Ihrem Kind das Gefühl, ganz angenommen zu sein – durch aufrichtige Zuwendung, Aufmerksamkeit und Zärtlichkeit. Es geht in der Erziehung weniger darum, dem Kind bestimmte Verhaltensweisen beizubringen, als ihm zu ermöglichen, sein Selbst zu entwickeln. Und das kann Ihr Kind am besten, wenn es sich rundum geliebt und angenommen fühlt – auch in Situationen, in denen es wütend ist oder sich danebenbenimmt.

> Weder Ihr Kind noch Sie sind perfekt – wenn Sie das akzeptieren, wird das Leben leichter!

Was Kinder brauchen

Geduld und Verständnis spielen in der Erziehung eine besonders wichtige Rolle. Jeder hat mal schlechte Laune und macht etwas falsch – auch wir Erwachsenen. Kinder brauchen:

... das Gefühl, erwünscht und willkommen zu sein. Geliebt und angenommen zu werden ist ein existenzielles menschliches Bedürfnis. Wird dieses Bedürfnis in der frühen Kindheit nicht befriedigt, kann das zu seelischen Beeinträchtigungen und sogar psychischen Störungen führen.

... das Gefühl, für die Eltern wichtig und bedeutsam zu sein. Wenn Eltern sich mitfreuen, wenn ihrem Kind etwas gelingt, und sich liebevoll um sein Wohl kümmern, spiegeln sie ihm, dass es ein wertvoller, liebenswerter, einzigartiger Mensch ist. Haben Sie viel Spaß mit ihrem Kind! Tun Sie möglichst oft das, was Sie gerne zusammen machen: kuscheln, rangeln, gemeinsam Fahrrad fahren oder einfach nur herumalbern. Das verbindet und stärkt die Lebensfreude.

.... das Gefühl, wertgeschätzt zu werden. Dazu gehört das Gefühl, richtig bzw. okay zu sein, so wie man ist. Das Kind muss erfahren, dass es seinen Bedürfnissen und Emotionen Ausdruck verleihen darf, ohne dafür bestraft zu werden. Die Zuwendung der Eltern sollte nicht vom Wohlverhalten oder der Leistungsfähigkeit des Kindes abhängig gemacht werden. Zeigen Sie Ihrem Kind auch, dass seine Meinung wichtig ist: Beziehen Sie es in Entscheidungsprozesse mit ein, zum Beispiel bei der Gestaltung seines Zimmers oder der Planung eines Ausflugs.

... das Gefühl, verstanden zu werden. Es ist nicht schlimm, wenn Sie Ihr Kind manchmal nicht verstehen und sein Verhalten nicht nachvollziehen können. Wichtiger ist es, dass Ihr Kind merkt, dass Sie sich um Verständnis bemühen und sein Verhalten nicht als Ausdruck von Boshaftigkeit interpretieren. Kleine Kinder sind nie „böse", nur gelegentlich frustriert und/oder ihren Impulsen ausgeliefert.

... einen Vertrauensvorschuss. Wenn Ihr Kind mal etwas nicht so gemacht hat, wie Sie das erwarten, dann geben Sie ihm immer eine zweite und dritte Chance. Sagen Sie nie: „Das klappt ja doch nicht!" Ihr Kind will noch so vieles lernen. Dazu braucht es Zeit sowie Ihre Geduld und Unterstützung – immer und immer wieder.

... klare Verhältnisse im Familiensystem. Unter anderem muss deutlich sein, wer welche Rolle in der Familie einnimmt, die Generationengrenze sollte nicht verwischt werden. Und es sollte klar kommuniziert werden, wenn eine Veränderung innerhalb des Familiensystems ansteht. Sorgen Sie darüber hinaus für einen klaren und strukturierten Tagesablauf, zum Beispiel durch Rituale. Sie strukturieren den Alltag und sorgen für Sicherheit und Klarheit. Modifizieren Sie diese Rituale gelegentlich, wenn das Kind (oder ein anderes Familienmitglied) veränderte Bedürfnisse hat.

... Eltern, die ihre Probleme angehen. Das betrifft auch Eheprobleme. Pflegen Sie Ihre Partnerschaft. Kinder freuen sich, wenn ihre Eltern sich (überwiegend) gut verstehen und Spaß miteinander haben. Sie geraten jedoch schnell unter Leidensdruck, wenn die Eltern ungeklärte Konflikte haben und diffuse Spannungen die Familienatmosphäre prägen. Versuchen Sie als Eltern, Ihre Probleme zu lösen und scheuen Sie sich nicht, sich gegebenenfalls auch professionelle Hilfe von außen zu holen. Das entlastet auch Ihr Kind.

Und nicht zuletzt: Sorgen Sie dafür, dass es Ihnen selbst gut geht. Wer ausgeglichen und zufrieden ist, kann auch seinem Kind gegenüber freundlich und geduldig sein. Achten Sie darauf, nicht nur Ihr Kind, sondern auch sich selbst nicht zu überfordern.

Achten Sie immer wieder bewusst darauf, was gut in Ihrer Familie läuft und in welchen Situationen Ihnen gemeinsam etwas gelungen ist.

Ein großes Geschenk, das Eltern ihrem Kind machen können, ist Zeit

Informations- und Beratungsmöglichkeiten

Deutsche Liga für das Kind in Familie und Gesellschaft e.V.
Charlottenstraße 65 | 10117 Berlin
Tel.: 030/28 59 99 70
E-Mail: post@liga-kind.de
www.liga-kind.de

Bundeskonferenz für Erziehungsberatung e.V.
Herrnstraße 53 | 90763 Fürth
Tel.: 0911/9 77 14 - 0
E-Mail: bke@bke.de | www.bke.de

Hier können Sie bundesweit nach Erziehungs- und Familienberatungsstellen in Ihrer Nähe suchen. Mit kostenloser Online-Beratung.

Deutscher Kinderschutzbund Bundesverband e.V.
Bundesgeschäftsstelle
Schöneberger Straße 15 | 10963 Berlin
Tel.: 030/214 809 - 0
E-Mail: info@dksb.de | www.dksb.de

Der Verein bietet unter anderem die Elternkurse „Starke Eltern – Starke Kinder" an.

Staatsinstitut für Frühpädagogik
Eckbau Nord
Winzererstraße 9 | 80797 München
Tel.: 089/99825 - 1900
E-Mail: kontakt@ifp.bayern.de
www.familienhandbuch.de

Das Online-Familienhandbuch gibt qualifizierte Antworten auf alltägliche und besondere Erziehungsfragen. Das Angebot für Eltern ist kostenlos.

Zum Weiterlesen
Bücher für Kinder

· · · · · · · · · ·
David McKee
Du hast angefangen! Nein, du!
Fischer Sauerländer 2011

Ein blauer Kerl lebt an der Westseite eines Berges, wo die Sonne untergeht. Und an der Ostseite, wo die Sonne aufgeht, da wohnt der rote Kerl. Gesehen haben sie sich noch nie, nur manchmal durch ein Loch im Berg miteinander gesprochen. Bis eines Tages ein heftiger Streit zwischen den beiden alles verändert. Schöner Bilderbuchklassiker rund um die Themen Streiten, Rechthabenwollen, Versöhnung und Freundschaft.

· · · · · · · · · ·
Kathryn Cave
Irgendwie Anders
Oetinger 1994

Die Hauptfigur des Bilderbuches heißt „Irgendwie Anders". Und wie der Name schon sagt, ist Irgendwie Anders auch irgendwie anders. Er lebt ganz allein auf einem hohen Berg und hat keinen einzigen Freund. Bis eines Tages ein seltsames Etwas vor seiner Tür steht und behauptet, genauso zu sein wie er, nämlich auch irgendwie anders. Ein außergewöhnliches Buch über außergewöhnliche Wesen, die eigentlich ganz normal sind.

Gunilla Bergström
Mach schnell, Willi Wiberg
Oetinger 2009

Willi Wiberg ist wie alle anderen kleinen Jungen mal gut und mal weniger gut gelaunt. Und ganz manchmal gehorcht er auch nicht. Besonders morgens, wenn er sich beeilen soll. Da kann es schon mal hektisch werden und zu Streit kommen ... Eine humorvolle Geschichte, die zeigt, wie Eltern und Kinder gelassener durch stressige Phasen des Tages kommen. Für Kindergartenkinder und ihre Eltern.

Christine Nöstlinger
Anna und die Wut
Fischer Sauerländer 1990

Anna wird sehr oft und schnell schrecklich wütend. Wenn sie die Wut überkommt, muss sie weinen, schimpfen und andere beißen. Das gefällt Anna selber nicht. Aber sie weiß nicht, wie sie mir dieser Wut umgehen kann. Dann hat ihr Großvater die rettende Idee. Schön illustrierte Geschichte darüber, wie man konstruktiv mit Wut umgeht. Und darüber, wie man einem Kind dabei helfen kann.

Aliki
Gefühle sind wie Farben
Beltz & Gelberg 2014

Ein Bilderbuch mit vielen Illustrationen rund um das Thema Gefühle. Ob Trauer, Neid, Angst, Wut oder Zuneigung: Mithilfe der alltäglichen Szenen lernen schon kleine Kinder, unterschiedliche Gefühle zu erkennen, zu benennen und zu verstehen. Das Buch fördert das kindliche Verständnis für sich selbst und für andere. Ab drei bis vier Jahren.

Bücher für Erwachsene

Felicitas Römer
Meine liebe Nervensäge: Warum störende Kinder nicht gestört sind und wie wir ihnen helfen können
Beltz 2012

Die Autorin und systemische Familientherapeutin geht den Ursachen auffälligen Verhaltens von Kindern nach und eröffnet Eltern durch Spurensuche bei sich und ihren Kindern unerwartete Einblicke. Zahlreiche Einladungen zum Nachdenken, alltagstaugliche Tipps und ein „10-Punkte-Plan für gestresste Eltern" sorgen für Hilfe und Entlastung.

Doris Heueck-Mauß
Das Trotzkopfalter. Der Ratgeber für Eltern von 2- bis 6-jährigen Kindern. Der richtige Umgang mit kindlichen Emotionen. Das Erziehungs-ABC mit Tipps und Strategien
Humboldt 2013

Wenn Kinder ihre Grenzen ausloten, bringt das ihre Eltern oft an den Rand der Verzweiflung. Dieser Ratgeber erklärt typische Trotzreaktionen und kindliche Aggressionen aus Sicht der Eltern und der Kinder. Das Buch hilft Eltern dabei, die Gefühle und Affekte ihrer Kinder zu verstehen und mit ihnen umzugehen.

Jesper Juul & Ingeborg Szöllösi (Hrsg.)

Aggression. Warum sie für uns und unsere Kinder notwendig ist

Fischer 2014

Der bekannte Familientherapeut Jesper Juul beschreibt in diesem kleinen Buch, warum das Verhalten von Kindern zunehmend als krankhaft bezeichnet wird, obwohl sie eigentlich nur gesunde menschliche Reaktionen zeigen. Er unterscheidet konstruktive und destruktive Aggression und fordert die Leserinnen und Leser zu einem authentischen und erwachsenen Verhalten auf. Ein kleines Plädoyer für einen entspannteren Umgang mit Aggressionen.

Rita Steininger

Das kleine Anti-Wut-Buch. Für Eltern und Kinder

Patmos 2014

Die Autorin beschreibt, was Wut und Aggressionen für die Entwicklung von Kindern bedeuten und wie Eltern mit ihnen umgehen können. Dazu stellt sie viele Spiele und Übungen vor, die Eltern dabei helfen, die Wutanfälle ihrer Kinder aufzufangen und in konstruktive Bahnen zu lenken. Mit vielen alltagstauglichen Tipps.

Doris Schüler

Schüchterne Kinder stärken. Wie sie Ängste überwinden, ihre Gaben entdecken und die Persönlichkeit entfalten

amondis 2011

Auch zurückhaltende Kinder haben Stärken und Fähigkeiten! In diesem Buch erfahren Eltern, wie Schüchternheit und soziale Ängste bei Kindern entstehen und wie sie ihre Kinder konstruktiv unterstützen können. Praktische Tipps und Anregungen zur Selbstreflexion helfen dabei.

Die Autorin

Felicitas Römer ist systemische Paar- und Familientherapeutin, Autorin und Mutter von vier Kindern. Sie hat zahlreiche Texte und Bücher rund um die Themen Familie, Erziehung und Partnerschaft verfasst, unter anderem „Meine liebe Nervensäge. Warum störende Kinder nicht gestört sind und wie wir ihnen helfen können" sowie „Typisch Eltern. 7 Arten, Kinder zu (v)erziehen". Mehr unter www.felicitas-roemer.de.

Impressum

„Ich will aber!" ist ein Sonderprodukt der Zeitschrift *kizz* und des Internetauftritts *www.kizz.de*.

© Verlag Herder GmbH, Freiburg im Breisgau 2015
Alle Rechte vorbehalten
www.herder.de

Fotos:
Titelfoto: Veer
Fotos Innenteil:
Seite 43, 52: Corbis
Seite 4, 14, 28: Getty Images
Seite 10, 16, 19, 22, 26, 34, 37, 40, 46, 48, 54, 59: plainpicture

Illustrationen: Julia Dürr, www.juliaduerr.net
Umschlagkonzeption: Beatrice Hofmann, Beeconcept, Mühltal
Umschlaggestaltung: Manuela Wiedensohler, www.schwarzwald-maedel.de
Satz und Layout: Arnold & Domnick, Leipzig
Herstellung: Graspo CZ, Zlín
Printed in the Czech Republik

ISBN 978-3-451-00683-8

MIX
Paper from
responsible sources
FSC® C010798
www.fsc.org